Albertus Magnus

Der innere Pfad zum Allerhöchsten

Ein spiritueller Wegweiser
zur vollkommenen Seelenruhe in Gott

AF194560

Albertus Magnus

Der innere Pfad zum Allerhöchsten

Ein spiritueller Wegweiser
zur vollkommenen Seelenruhe in Gott

Schätze der christlichen Literatur

Band 6

Impressum:
© 2018 Conrad Eibisch (Hrsg. u. Bearb.)
Übers. v. Nikolaus Casseder, 1851.
Herstellung und Verlag: BoD-Books on Demand, Norderstedt.
ISBN: 978-3-75287-642-0

DER INNERE
PFAD ZUM ALLERHÖCHSTEN

1. Kapitel.

Wie man Gott anhängen soll, und von der höchsten dem Menschen hier möglichen Vollkommenheit.

DA ich am Ende meiner Pilgerfahrt in diesem fremden Land[1] noch etwas niederschreiben wollte, so wählte ich mir das zum Gegenstand: Wie nämlich der Mensch sich aller Dinge möglichst entledigen, und so einzig unserem Herrn und Gott frei, ungehindert, frei und unverändert anhängen soll; und das wollte ich denn um so mehr vornehmen, da, wie wir wissen, der Zweck der christlichen Vollkommenheit die Liebe ist, die sich Gott dem Herrn fest anschließt. Zu dieser liebenden Anhänglichkeit an Gott sind wir alle verpflichtet, wollen wir anders selig werden; beweisen aber können wir das nicht besser, als durch genaue und treue Beobachtung der göttlichen Gebote, und der Gleichförmigkeit unseres mit dem göttlichen Willen. Halten wir uns so, dann ist auch alles aus uns entfernt, was der Liebe nach ihrem Wesen und ihrer Übung entgegensteht, zum Beispiel schwere und tödliche Sünden. Jene aber, die sich zum höheren Leben des Geistes verbunden haben, oder sich ver-

---

[1] Gemeint ist hiermit das vergängliche Erdenleben. Albertus Magnus schrieb dieses Buch in einem fortgeschrittenen Alter. (Anmerk. d. Hrsg.)

binden wollen, haben sich zur genauesten Beobachtung der eigentlichen Vollkommenheit des Evangeliums, und der Ratschläge des Herrn, das ist, was über das allgemeine jeden Christen verbindende ist, verpflichtet, dadurch aber gelangen sie auch ungehinderter zu ihrem endlichen Ziel, das Gott ist, denn solcher Wandel des Geistes läßt nie die Liebe ermatten, oder den Eifer erkalten gegen Gott. Dergleichen höhere übernommene Pflichten sind: Vollkommene Selbstverleugnung, Entsagung alles Irdischen für Leib und Seele; denn zum Dienst Gottes im Geist haben sie sich verpflichtet, und „Gott ist ein Geist, und die ihn anbeten, müssen ihn im Geist und in der Wahrheit anbeten", nämlich durch Erkenntnis und Liebe, mit einem von allen Bildern und selbstgemachten Vorstellung entledigten Verstand, und gereinigtem Herzen. Dahin zielt auch das Wort des Herrn bei Matthäus: „Wenn du betest, so gehe in dein Kämmerlein", das ist, in das Innerste deines Herzens, „schließe die Tür zu", nämlich deine Sinne, und dort bete mit reinem Herzen, frohem Gewissen, und ungefärbtem Glauben zu deinem Vater im Geist und in der Wahrheit, „im Verborgenen". Das ist aber wahrlich nur dann möglich, oder auch nur schicklich, wenn der Mensch aller Dinge ledig und frei, und ganz in sich eingegangen ist, alles und jedes aus seinem Herzen entfernt, auf alles verzichtet hat, und vor Jesus Christus seinem Herrn und Gott, in äußerer und innerer Stille seines Geistes sein Verlangen und Sehnsucht in fester Zuversicht darlegt, und so mit ganzer Seele und voller, liebender Neigung seines Gemütes aus dem innersten Grund seines Geistes und aller seiner Kräfte ohne allen Rückhalt oder etwas zu verbergen, sich in ihn einergibt, in ihn sich versenkt, in ihm sich entzündet, und ganz dahingibt.

2. Kapitel.

Wie man alles andere verachten,
und Christus allein anhängen und ihn meinen soll.

WER nun zu diesem Stand des Geistes gelangen will, dem ist vor allem notwendig, daß er gleichsam mit geschlossenen Augen und Sinnen sich in nichts einlasse, und darin verwickle, sorge, und sich kümmere, vielmehr alle diese Dinge als solche, die ihn gar nichts angehen, und nur Schaden ihm bringen, gänzlich von sich weise; dann gehe er in sich selbst ganz ein, und denke hier an nichts weiter, als allein an Jesus Christus den Verwundeten und Gekreuzigten, so wird es ihm gelingen, durch ihn in ihn einzugehen, nämlich durch die Wunden des Menschen in das Innere Gottes. Ist er dahin eingedrungen, dann lege er der Vorsicht seines ihn liebenden Gottes sein ganzes Wesen und alles, was ihn angeht, ungescheut und ohne allen Rückhalt dar, wie es der Apostel Petrus sagt: „Werft all euer Anliegen auf den, der alles vermag", und: „Sorgt nicht ängstlich", und abermals: „Ich habe den Herrn allezeit vor Augen, denn er ist mir zur Rechten, darum werde ich wohlbleiben", oder wie die Braut im Hohen Lied: „Nun habe ich gefunden, den meine Seele liebt", denn „mit ihm ist mir alles Gute geworden." Das ist nämlich jener himmlische, und verborgene Schatz, jene köstliche Perle, die da vor allen gesucht, in demütiger Zuversicht, mit anhaltendem Fleiß, in ruhiger Stille, selbst unter Verlust zeitlicher Ehre und Vorteiles mit entschlossenem Mut gesucht werden muß, aber so auch gewiß gefunden wird; denn was würde es dir helfen, dir, der du dem höheren Leben des Geistes dich ergeben hast, gewännest du die ganze Welt, littest aber Schaden an deiner Seele? Sprich, wozu dein Stand, dein frommer Entschluß, der Wille nach Vollkommenheit, das geistliche Kleid, der äußere Schein im Leben ohne wahres Leben, ohne den Geist der Demut und Wahrheit? Lebt ja Christus einzig nur im Glauben, der da tätig und wirksam ist in der Liebe, „das Reich Gottes", heißt es, „ist in euch", nämlich Jesus Christus.

3. Kapitel.

Worin die Vollkommenheit
des Menschen in diesem Leben bestehe.

JE mehr das Gemüt mit dem Niederen und Zeitlichen sich abgibt und beschäftigt, um so weiter entfernt es sich von dem, was oben und himmlisch ist; je ernstlicher aber der Gedanke, die Neigung, und der Verstand sich von dem Irdischen ab-, und nach dem Höheren hinwenden, um so besser wird das Gebet, um so reiner die Betrachtung sein. Auch kann nimmermehr da

Vollkommenheit sein, wo die Seele auf beides zugleich, auf das Himmlische und auf das Irdische, denkt, das sind ja Gegensätze wie Licht und Finsternis; hängst du Gott an, dann lebst du im Licht, ist dir die Welt lieb, dann ist es finster in dir. Darum merke: Das nur ist des Menschen höhere Vollkommenheit hienieden, so mit Gott vereinigt sein, daß die ganze Seele mit allen ihren Kräften in Gott ihrem Herrn gesammelt, sie ein Geist mit ihm werde und sei, daß sie nichts denke, als Gott, nichts wolle, und wisse, als allein ihn, daß die Gottesliebe und Gottesfreude ihr ganzes Herz besitze, und alle Neigungen desselben auf diesem einen Punkt beruhen, und sie somit ihre einzige Ruhe und Wonne finde im Genuß und dem seligen Besitz ihres Schöpfers; denn Gottes Bildnis und sein Dasein in uns besteht ja in den drei Kräften unserer Seele, im Verstand, Gedächtnis, und Willen, und solange wir uns mit diesen dreien nicht ganz einergeben haben in Gott, ist unsere Seele nicht gottförmig, das ist, nicht das wahre Bild von ihm, wie er selbiges ursprünglich geschaffen hat, denn da war er die Form und die Gestalt der Seele, diese Urgestalt muß nun die Seele wieder haben, denn sie ist Gottes Abdruck, sie muß sein Siegel, sein Bild, seine Gestalt tragen. Das wird ihr aber nur dann vollkommen gelingen, wenn ihre Vernunft ganz nach dem Maß ihrer Fähigkeit und Empfänglichkeit erleuchtet und gerichtet wird zur Erkenntnis Gottes als der höchsten Wahrheit, wenn ihr Wille die ganze und vollkommene Richtung hat zur Liebe dessen, der die höchste Güte ist, wenn ihr Gedächtnis einzig darin beschäftigt ist, die künftige Seligkeit sich nicht nur stets zu denken, sondern in diesem seligen Gedanken jetzt schon den Vorgeschmack der künftigen Wonne, der unausbleiblichen Süßigkeit zu kosten. Ist sie so die Seele, dann ist sie ja vollkommen, dann ist sie ja hier schon selig, denn was sie hier kostet, und wozu sie den echten und wahren Anfang hier macht, das ist die Grundlage der Vollendung, der Fülle der Seligkeit dort im Vaterland.

4. Kapitel.

Nicht in sinnlichen Vorstellungen, sondern mit gereinigter Vernunft und reinem Herzen, soll der Mensch wirken.

GLÜCKLICH der, der dem Bilderkram der Phantasie, und den Träumereien der Sinnlichkeit mutig entgegentritt, dem äußeren Lärm entsagt, sich einergibt in sein Inneres, da sein Gemüt zu Gott erhebt, sich erschwingt nach dem, was oben ist, der wird allgemach der Bilder ledig werden, sie werden schwinden die Eitlen, der gereinigte, bloße Verstand, das entledigte vereinfachte Gemüt wird nun ungehindert wirken, sich ungestört hingeben können Gott, diesem reinsten und einfachsten Wesen. So werfe sie denn hinaus, o Mensch Gottes, diese Träumereien, wirf sie alle hinaus aus deinem Gemüt und Geist diese Bilder und Formen der Sinnlichkeit, willst du Gottes gedenken, ihn suchen, und finden, nur in der von allem Auswärtigen gereinigten, und entblößten Vernunft, nur im reinen Herzen und Willen kann das geschehen, und wird es gelingen;

denn sprich, was ist wohl das Ziel und Ende, und der Zweck aller Übungen des Geistes? Kann und darf er ein anderer sein, als Gott suchen, ihn meinen, in Gott unserem Herrn ruhen innerhalb unserer selbst, im reinsten Erkennen seiner, in innigster Liebe seiner, ausschließend alle dieses reine Gottesverhältnis störende, trübende Bilder, Gestalten und Träumereien der Sinne? Dazu wird dir wahrlich das Fleisch und die Außenwelt deiner Sinne nicht verhelfen, der Geist nur kann es, der innere Mensch, und der ist ja eigentlich der wahre Mensch, lebend im reinen Herzen und wirkend in gereinigter, folglich geheiligter Vernunft! Wer aber nur immer spielt und tändelt mit den Bildern der Phantasie, mit seinen Sinnen und der Außenwelt, und darauf besteht, von dem kann man nicht sagen, er sei aus der Schranke der Tierheit herausgetreten, aus der Gemeinsamkeit nämlich, die der Mensch mit dem Tier teilt; denn auch sie die Tiere, und einzig nur sie, die dunkle Vorstellung, und der Trieb der Sinnlichkeit, führt und leitet sie, da sie der höheren Seelenkraft ermangeln. Ein anderes Wesen aber ist der Mensch nach Verstand, Neigung, und freien Willen, nach Kopf und Herzen, er ist Gottes Ebenbild und Ähnlichkeit, als solches kann und soll er sich unmittelbar rein und ledig in Gott einergeben, sich einigen mit ihm, und treu ihm anhängen. Dieses Hingeben des Menschen an Gott, dieses treue Anhängen an Gott ist gewissermaßen der Vorhof, und der Eingang zum ewigen Leben, darum ist es des Satans wichtigste Sache, diese selige Übung zu hindern, so viel er kann, er beneidet nämlich den Menschen dieses traulichen Umganges mit Gott, darum sucht er durch alle ihm etwa zu

Gebote stehenden Mittel, das menschliche Gemüt von Gott zu entfremden, durch allerlei Versuchungen, und Anregungen, durch übertriebene Sorge, durch Kleinmut und Zaghaftigkeit, durch Zerstreuungen, durch unordentliche Gesellschaft, durch unvernünftigen Vorwitz, durch Vielwisserei und Grübeleien, durch die Sucht nach Neuigkeiten, neuen Zeitungen und Geschwätz, durch Gutes und Schlimmes, durch Glück und Unglück, etc. Diese Verirrungen des Gemütes nun, obgleich sie nur gering und als leichte Gebrechen erscheinen, sind denn doch große Hindernisse dieser heiligen Übung und des gottseligen Wandels, darum stehe du auf deiner Hut: Wollen derlei Dinge unter dem Schein des Nützlichen, ja sogar des Notwendigen sich einschleichen in dein Gemüt, sie seien nun wichtig dem Schein nach, oder wenig bedeutend, wirf sie hinaus um deines Heiles willen, wirf sie sämtlich hinaus als schädliche, unheilbringende, lasse sie nie Stand gewinnen in deinen Sinnen; was du hörst, siehst, tust, sprichst und dergleichen, das alles nimm rein auf ohne Einmischung fremder Bilder und Vorstellungen, lasse sie nicht zu weder vor noch nach, noch augenblicklich, sonst gehen sie ein in dich, nisten sich ein, wohin sie nicht gehören, und stören den Frieden deines Inneren, den seligen Umgang mit Gott. Hast du sie aber nicht eingelassen diese Gaukler, und sie nähern sich dir dennoch während du betest, betrachtest, dem Herrn lobsingst, oder sonst in einem Geschäft und Werk des Geistes dich übst, dann sorge nicht, fürchte sie nicht, sie können dich nicht hindern, sie sind Fremdlinge, die draußen sind, haben nicht Platz in dir genommen, sie werden auch nicht lange bleiben, und zum zweiten oder dritten Mal kaum wiederkommen. Bleibe du nur frei und ledig, und übergib und überlasse dich und alles, und jedes einzelne der untrüglichen, und wahrhaften Vorsehung und Liebe deines Gottes, schweige und halte dich ruhig, er wird es ausfechten für dich, und wohl alles besser und erwünschter für deine Rettung machen und veranstalten, und dich beruhigen und trösten, als wenn du Tag und Nacht darüber gedacht und gedichtet hättest; denn, sprich, was hättest du denn doch getan, wenn du und deine Sinne, ohne den Herrn, hätten helfen wollen? Im Drang wilder regelloser Gedanken hättet ihr als Toren und Blinde dahin und dorthin euch gewendet und herumgetrieben, Leib und Seele abgemattet, Zeit und Kräfte verschwendet recht wie Toren und Unverständige! Das lasse du aber nun bleiben, erblicke du vielmehr in allem, woher und wie es immer kommen mag, die Hand deines himmlischen Vaters, der alles vorgesehen, geleitet und geordnet hat, nimm es hin in Stille und Friede mit Gleichmut. Nur die heillosen Bilder, die sinnlichen Vorstellungen, diese Knechte des Fleisches lasse nicht ein, und die hineingeschlichen sind, treibe aus, und entledige dich ihrer ganz, wie es dein höherer Beruf, dem du dich gewidmet hast, erfordert; reinen, von allem Fremdartigen ganz entledigten Herzens willst du Gott anhängen, siehe dazu hast du dich vielseitig verpflichtet, nun denn, so reiße sie nieder die Scheidewand, tilge die letzten Überbleibsel von ihr; mache es gewissermaßen unmöglich, daß sich je noch etwas eindrängen könne zwischen dir und deiner Seele, dann wirst du rein und ungehindert eingehen können in Gott, bleiben in ihm, von den

Wunden des Gottmenschen eingehen in das Licht seiner Gottheit.

5. Kapitel.

Von der Reinheit des Herzens und ihrer unbedingten Notwendigkeit.

IST es dir demnach ernst, o Seele, auf dem geraden, sicheren und kürzesten Weg an das Ziel der Seligkeit, deines Vaterlandes, der Heimat der Gnade und der Herrlichkeit zu gelangen, so strebe nur stets unverrückten Sinnes nach wahrer Herzensreinheit, nach einem reinen Gemüt, suche die Sinne zu beschwichtigen, die Neigung deines Herzens zu bewahren und sie unwandelbar hin auf Gott, deinen Herrn, zu richten. Während dieses heiligen Strebens suche dich von deinen sonst gewohnten Umgebungen, so viel es nach deiner Lage dir möglich ist, von allen Menschen, von allen Geschäften, die dieses dein Vorhaben hindern können, oder gar wollen, abzuziehen, immer spähend, wo du ein Plätzchen, eine Stunde, eine Weise finden könnest für den Frieden und die Ruhe deines Geistes und zur frommen Beschauung; liebe möglichst die Einsamkeit und der Stille selige Geheimnisse, scheue die stürmende Welt, da gibt es Schiffbrüche, fliehe den Lärm, er macht sinnlos und betäubt. Dein Herz rein zu erhalten und ruhig, das sei dein steter Gedanke, kehre ein in dich selbst, schließe die Sinne, schließe die Tür

deines Herzens, daß sie nicht hereinkommen die Bilder und
Gestalten der Sinnlichkeit und des Vergänglichen, schließe zu,
so viel möglich. Dieser Sorgfalt, und wenn du willst, dieser
Opfer ist die Reinheit des Herzens allerdings wert, ist sie ja doch
die erste unter allen Übungen des Geistes, sie ist ja das Ziel, das
sie alle bezwecken, sie ist der Lohn und Preis aller Bemühungen
und Kämpfe der Tugendhaften, der Gottergebenen und wahrhaft geistlichen Menschen. Darum stelle dein Herz, deine Sinne
und Neigungen möglichst sicher, entferne sie von allem, was
ihre Freiheit stören könnte, ja von allem und jedem Ding der
Zeitlichkeit, das möglicherweise dich binden, oder wohl gar
deiner mächtig werden könnte, halte sie fern, rufe sie alle herein
die zerstreuten Kinder deines Herzens, die mannigfaltigen
Neigungen deines Gemütes, ordne und regle sie, vereinfache sie
und sichere sie ein in das eine, wahre, einfachste und höchste
Gut, mühe dich mit allem Fleiß in deinem Inneren, gleichsam
auf einem Ort, sie versammelt zu halten; so wird es dir möglich
sein, Gott und dem, was ihm angehört, dich ungestört hinzugeben, dein von irdischer Gebrechlichkeit entäußertes Herz
nach oben zu erheben und dich in Jesus Christus umgestalten zu
können. Sei versichert, fängst du an, dich zu befreien, dich zu
reinigen von allen diesen trügerischen Bildern und Vorstellungen der Sinnlichkeit, strebst du, in wahre Einheit zu kommen, Friede zu stiften und Ruhe in dir im festen Vertrauen auf
den Herrn, und fühlst so in deinem ganzen Wesen die Nähe und
das Dasein deines Gottes, und überzeugst dich deiner Vereinigung mit ihm durch einen guten, ihm ganz hingegebenen

Willen, dann, sage ich, sei versichert: Dieses Leben, dieses Fühlen, diese Erfahrung, dieses Wissen, daß dein Erlöser in dir lebt, ersetzt dir alles Lesen, alles Forschen der Heiligen Schrift, die dich ja doch weder höher führen will noch kann, als wo du gegenwärtig stehst, und wohin du durch Gottes Gnade gekommen bist, nämlich zur echten Salbung des Geistes, zur unverfälschten Liebe Gottes und des Nächsten. O so strebe denn, und strenge dich an, vereinfache Bilder und Gestalten, dann wirst du Ruhe finden in Gott, Ruhe finden in dir selbst; es wird dir sein, als stündest du jetzt schon in jenem *Nun* der Ewigkeit, der Gottheit; denn dich selbst hast du verlassen, deinem Selbst bist du entworden aus Liebe zu Jesus Christus mit reinem Herzen, mit reinem Gewissen und in unverfälschtem Glauben. Zwar werden sich dir immer noch Leiden und Trübsale nähern, aber trüben werden sie dein Inneres nicht, denn du hast ja alles, was da kommt und kommen möge, dem Herrn anheimgestellt, hast seinen Willen und sein Wohlgefallen zu dem deinen gemacht, Gehorsam und liebendes Unterwerfen ist deines Herzens Freude und Lust geworden. Siehe, so wird es werden, so wirst du werden, wenn du innen bleibst und gerne da eingehst, und möglichst alles und jeden dich entledigst, dein inneres Auge stets rein und ungetrübt erhältst, deinen Verstand bewahrst vor Träumereien und Bildern des Niederen, dein Herz den Sorgen der Erde ganz verschließt, und dagegen mit ganzem Herzen und allen Kräften deiner Seele dem höchsten und einzig wahren Gut anhängst, wenn dein ganzes Denken und Erinnern nach oben gerichtet ist, und in dem höchsten, wesentlichen und uner-

schaffenen Gut fest und unbeweglich lebt so zwar, daß deine
Seele mit allen ihren Kräften und ihrem ganzen Vermögen in
Gott gesammelt, nur einen Geist mit ihm ausmacht. Sieh, das
ist die Summe der Vollkommenheit in diesem Leben hienieden.
Diese wahre Einheit des Geistes der Liebe ist jene Gleich-
förmigkeit des menschlichen Willens mit dem ewigen und
göttlichen Willen, sie macht den Menschen zu dem durch die
Gnade, der Gott ist aus sich selbst. Noch will ich das zu deiner
Ermunterung beisetzen: In demselben Augenblick, wo der
Mensch unter Gottes Beistand sich selbst besiegen, das ist, seine
ungeordnete Liebe und seinen Eigenwillen ganz abstoßen kann,
und dann einzig und alles ausschließend ganz und durchaus sich
und all sein Anliegen, sein ganzes Leben und Sein unbedingt
Gott anheimstellt, in diesem Augenblick, sage ich, faßt Gott eine
solche Liebe und solches Wohlgefallen an und gegen den Menschen, daß er ihm seine Gnade ferner nicht mehr zurückhalten
kann. Er schenkt sie ihm, und in solchem Maß, daß der
Begnadete jetzt die wahre Liebe, die echte Gottesliebe ganz fühlt
und versteht, jene Liebe die allen Zweifel und alle Furcht
austreibt, die auf Gott wie auf einen Felsen baut; und welche
Seligkeit ist es, auf den bauen, der ewig, wahr und ohne Wandel
ist? O warum zauderst du denn also so lange, warum wankst du
zwischen dir und Gott? Gib dich dem Herrn ganz hin, gewiß
nimmt er dich an und auf, er wird dein Arzt, er wird dein
Heiland sein! Das denke und erwäge stets, o Seele, das wird dich
eher fördern zu einem seligen Leben, als alle Reichtümer,
Freuden und Ehren der Welt, als alles Wissen und alle Welt-

weisheit, die nur trügend sind und dahingehen mit der Welt, und wärst du der erste und einzige der Weisesten, der je war, oder noch sein wird, das würde dich nicht glücklich, nicht selig machen.

6. Kapitel.

Nur das entledigte Gemüt und der reine gute Wille werden Gott wahrhaft anhängen.

JE mehr du dich entledigst der trügerischen Vorstellungen, der Bilder der Außenwelt, des Vergänglichen und der Sinne, je mehr deine inneren Sinne sich erkräftigen, um so mehr wird deine Seele erstarken, um so mehr wird sie Geschmack und Freude finden an dem, was oben ist. Darum entsage der Außenwelt, Gott gefällt vor allem ein entledigtes Herz, seine Lust ist, mit solchen umzugehen und bei ihnen zu sein, mit solchen nämlich die da leer und frei sind von allen Zerstreuungen und Mannigfaltigkeiten, die da reinen Herzens und Sinnes auf ihn achten, ihm anhängen und sich ihm ergeben. Ist aber dein Gedächtnis, deine Phantasie und all dein Denken nur immer mit diesen Dingen der Außenwelt beschäftigt, dann hast du freilich nichts anderes übrig, als jetzt dem Neuen nachzujagen, jetzt das Alte aufzuspüren, nun nach diesem, bald wieder nach einem anderen dich zu formen; aber siehe, darüber verlierst du den Geist Gottes! Einem so sinnlosen und unvernünftigen Treiben entzieht er sich ganz, sei du ein wahrer Liebhaber Jesu Christi! Als solcher muß dein Verstand, vereinigt mit einem guten Willen, sich ganz dem göttlichen Willen und seiner Gnade anheimgeben, entledigt mußt du sein von allen diesen Zerstreuungen, dir muß es gleich gelten, ja, nicht einmal des Bemerkens wert muß es dir sein, ob man dich verlache oder liebe, ob man das oder jenes gegen dich unternehme. Habe nur wahren, guten Willen, der gute Wille ersetzt alles, der gute Wille geht über alles; hast du wahrhaft diesen guten mit Gott vereinigten und ihm gleichförmigen Willen, dann sei getrost, es wird dir nicht schaden, wenn das Fleisch und die Sinnlichkeit, überhaupt der äußere Mensch, nach dem Bösen begehrt und träge ist zum Guten, ja, wenn sich selbst der innere Mensch trocken und matt zur Andacht fühlt, bleibe du nur fest hängen an Gott durch Glauben und guten Willen mit reinem und entledigtem Herzen; und das wirst du gewiß tun, wenn du deine dir eigene Unvollkommenheit und dein Nichts erkennst, wenn du überzeugt bist, daß dein Heil allein in Gott sei, dann wirst du wohl mit allem Ernst und aus allen deinen Kräften dir selbst und allen Kreaturen entsagen und dich ganz und gar in Gott deinen Schöpfer versenken, all dein Tun und Lassen wird einzig auf Gott gerichtet sein, außer ihm wirst du nichts suchen und wollen, weil du wohl überzeugt bist, in ihm nur alles Heil gefunden zu haben, alles Glück deiner Vollendung in ihm einzig noch zu finden. So kommst du in Gleichförmigkeit mit Gott, denn nun kannst du nichts anderes denken, als Gott, von nichts willst du wissen, als von Gott, nichts kannst du ferner lieben, als ihn, nichts willst und kannst du weiter achten, als Gott, und von ihm, dich selbst und andere Kreaturen siehst und bemerkst du nun nicht mehr als solche, du siehst sie nur in Gott, nur Gott liebst du in ihnen, du gedenkst deiner und ihrer nur in Gott. Diese Erkenntnis der Wahrheit aber macht die Seele nur demütig, fern von ihr ist das Richten und Urteilen über andere; die Weisheit der Welt aber bläst auf, macht eitel, stolz und übermütig. – Nimm denn, o Seele, als Grund aller Lehre des Geistes Folgendes hin: Willst du Gott kennenlernen, in seinen Dienst eintreten und sein Vertrauter werden, willst du ihn wahrhaft besitzen, so soll er dein innerstes Eigentum werden, wohlan, leere dein Herz ganz von aller sinnlichen Liebe und Anhänglichkeit, nicht nur an Menschen, sondern an jedes andere Geschaffene; Gott dein Schöpfer, sei einzig und allein dein Ziel, eile zu ihm in Einfalt des Herzens aus allen Kräften, frei und ledig, ohne alle Verstellung und Rückhalt, ohne Sorge und Kummer, im vollen Vertrauen auf seine Weisheit, Güte und Vorsicht in allem.

7. Kapitel.

Wie man sich innerlich sammeln müsse.

ZU Gott aufsteigen, ist, in sich selbst eingehen, denn wer in sein Inneres ein-, und über das Äußere mutig hindurch- schreitet, und so sein eigener Sieger ist, der ist wahrlich zu Gott aufgestiegen. So wollen wir denn unser Herz sammeln und aus den Zerstreuungen der Welt herausholen, selbiges die inneren Freuden liebgewinnen lassen, und so es befähigen für das Licht, das ihm werden soll in der Betrachtung Gottes und göttlicher Dinge; denn das ist ja doch wohl unseres Herzens Ruhe und Leben, wenn es liebend seines Gottes gedenkt und er es erquickt mit seinen Tröstungen? Daß wir aber diese selige Kost und Labung nur selten in der Tat genießen, und dahin uns erschwingen können, liegt einzig darin: Unser Gemüt ist zerstreut, es kümmert sich immer um zu vieles, so vermag es denn nicht, einzugehen in sich selbst, sich erinnernd seiner selbst, denn im Gedächtnis dunkeln mancherlei Bilder, es kann den Eingang in sich nicht finden durch den Verstand, es versteht sich ja selbst nicht, da die Begehrlichkeit allenthalben reizt und ruft; die innere Freude des Geistes und seine Lieblichkeit ist ihm ganz fremd, so kann es denn auch danach kein Verlangen haben, um so weniger, da es ganz im Dienst der sinnlichen Gegenwart steht, da ist der Gedanke an Gottes Ebenbild in sich nicht denkbar, noch weniger möglich das Eingehen in dieses innere Ebenbild. Darum also ist es sehr nötig, daß wir in Demut und Ehrfurcht, in fester Zuversicht unser Gemüt hinauf zu Gott erheben, und des Zeitlichen und Sinnlichen, in völligem Verzicht darauf, uns vollkommen entledigen und in uns sprechen: Den ich in allem und vor allem, und über alles suche, liebe und verlange, ist sinnlich und bildlich nicht zu finden, darüber ist er erhaben, nie fassen ihn die Sinne, nur sehnen kann ich mich nach ihm, sehnen mit innigstem Verlangen nach dem Sehnenswürdigsten;

auch umfaßt ihn keine Gestalt, wie erscheint er mir denn, woran kann ich ihn erkennen? Ach, in meinem Herzen lebt er ja, hier lebt er in der heftigsten Liebesneigung zu ihm; er ist um keinen Preis zu erhalten, er ist unschätzbar, und da er der Liebenswürdigste und der Holdseligste, ja die höchste Güte und Vollkommenheit selbst ist, so kann und darf seiner nur das reine Herz begehren! Während dieses inneren Selbstgespräches entsinkt der Geist in das geheimnisvolle Dunkel, wo höher er hinanstrebt, aber auch tiefer eingeht, dieses Streben und Eingehen bringt ihn zu dem unerklärlichen Schauen der göttlichen Dreiheit in der Einheit, und dieser in der Dreiheit; und dieses Aufsteigen, dieser Aufschwung des Geistes in Jesus Christus ist um so heftiger, je inniger und unmittelbarer er von dem innersten Grund ausgeht, er ist um so fruchtbarer und segensvoller, je gewisser er aus der Quelle der Liebe geflossen ist, denn in den Gegenständen des Geistes ist eben das das Obere und Höhere, was das Innere ist und das Innige bei geistigen Erfahrungen. So werde denn nicht müde; ruhe nicht und lasse nicht nach, bis du kostest wenigstens einige Tröpfchen von jener künftigen Fülle der Seligkeit, bis dir gegeben werden einige Brosamen der göttlichen Süßigkeit und Huld, laufe und eile diesem köstlichen Wohlgeruch nach, bis du schaust den rechten Gott zu Sion; kommt es auf den Fortschritt deines Geistes, auf das Weiterfördern desselben, auf die Vereinigung mit Gott in deinem Inneren, auf das liebende Anhängen an ihn an, da ruhe und raste nicht, da weiche nie zurück, bis du das vorgestreckte Ziel erreicht. Was tut der, der einen hohen Berg besteigen soll;

blickt er im Hinaufsteigen auf das, was unter und hinter ihm, oder vielmehr auf das, was vor ihm, über ihm ist? Soll und will er ja hinankommen, die Höhe ist sein Ziel, nicht die Tiefe das, was unten ist, und sollte der Geist, nicht der hinan will, der sich erschwingen soll in die Höhe, nicht gleiches tun? Darf die Begierde, die niedere, sich einsenken und einwühlen in das Niedere? Wahrlich, da würdest du dir den Weg lang machen, die zahllosen Zerstreuungen würden dich auf nutzlos tausend Neben- und Umwege führen, du würdest nicht mehr den rechten Pfad wissen; so viele Bilder der Lust und Sinnlichkeit wären in dir, so viele Irrwege und Irrgänge lägen um dich her, da würdest du laufen ohne Zweck, eilen, und nicht erreichen das wahre Ziel, dich abmühen und ermatten, ohne die ersehnte Ruhe je zu erlangen. Würde sich aber dein Herz und Geist diesen namenlosen Zerstreuungen der Niedrigkeit durch die Liebe und das Verlangen nach der Höhe entreißen, aus der Tiefe sich erheben, sich allgemach sammeln in sich selbst, in jenes eine unveränderliche allgenügende Gut, und so lernen, daheim zu sein, und dem gegenwärtigen Gott in unzertrennbarer Liebe sich hingeben, dann würde die Einheit in dir sich nicht nur bilden, sie würde vielmehr wachsen, sich mehren und verstärken; erkennend das *Eine*, verlangend nach dem *Einen* würdest du dich in die Höhe bringen, und wohnen in dem höchsten Gut, dem allein wahren, das da innen ist in dir, bis du denn, ganz befestigt und unwandelbar, zu jenem wahren Leben gelangst, welches Gott selbst ist, wo du ruhen und bleiben wirst ewig und immer, stehend unerschütterlich auf jenem verborgenen, stillen, inneren

Berg der Gottheit, Jesus Christus habend und besitzend, der da ist der Weg, die Wahrheit und das Leben in sich selbst.

8. Kapitel.

Der Mensch soll sich in jedem Ereignis Gott anheimstellen.

ICH glaube, aus dem bisher Gesagten magst du dich überzeugt haben, daß, je mehr und mehr du dich der Bilder entledigst, der Zeitlichkeit und der Kreaturen und in gottergebenem Willen und gereinigtem Verstand mit Gott vereinigt bist, du um so näher dem ursprünglichen Stand der Unschuld und Vollkommenheit gekommen seist, der der beste, der erfreulichste ist. So lasse es denn deine erste Pflicht sein, dich rein zu halten und entledigt der Bilder und Formen der Sinnlichkeit, die dich immer nur irre machen, die unnütze Sorge nur schaffen in das Herz, bald über das Zeitliche, über Freunde, über Glück oder Unglück, bald über die Gegenwart, jetzt über das Vergangene, nun über die Zukunft, ein andermal über diese und jene Menschen; dessen allem entschlage dich, nicht einmal deine Sünden, die sündige Vergangenheit, sollen dich ängstigen über die Gebühr, sondern denke und sage in Einfalt und Reinheit des Herzens: Bin ich doch, o mein Gott, in allem und jedem mit dir eines, lebe ich ja doch nicht mehr in der Zeitlichkeit, nicht im Dienst der Sinnlichkeit, ich lebe gewissermaßen in der Ewigkeit! So sage zu dem Herrn, aber lebe auch so, entsage wirklich der

Welt, verwickle dich nicht mit ihr, sei Friede in ihr oder Krieg, ist heiteres Wetter, oder fällt Regen herab, sei es so, oder so, das alles sei dir gleichgültig, Gott allein sei dein Ziel, ihm ähnlich zu werden, deine erste und einzige Sorge; so verläßt du gewissermaßen deinen Leib, die Gegenwart und Zukunft, und alle Kreaturen, gerichtet ist der Blick deines Geistes und Gemütes, ungestört und frei in seiner Armut und Entblößung, hin auf jenes unerschaffene Licht, wo Bilder nicht sind und Täuschungen der Sinne, ein Engel bist du, obgleich noch ein an den Leib gefesselter Engel, aber gezähmt ist dieser Leib, er dient und herrscht nicht mehr, die Eitelkeit und Zerstreuung ist ihm nimmermehr gestattet. So erstarke denn der Geist gegen jede Anfälle, Versuchungen und Unbilden, mit Gleichmut trage er und stehe unerschüttert im Glück, wie im Unglück, fest und unbeweglich in Gott. Kommt ein Unfall, will Schlaffheit sich einschleichen, regt sich eine Unordnung, werde nicht zaghaft, verliere deshalb den Mut nicht, suche nicht gleich nach Tröstungen, nimm selbst zum mündlichen Gebet nicht sogleich deine Zuflucht, einzig erneuere und belebe den Willen, den gottergebenen, schließe dich fest an Gott an mit reinem Gemüt, lasse die betrübenden Bilder nicht eindringen in deinen Verstand, sei mutig und entschlossen, es wolle die Sinnlichkeit oder nicht; denn eine gottergebene Seele muß so innig mit Gott vereinigt sein, ihren Willen dem göttlichen so untergeordnet und hingegeben haben, daß sie ohne alle Anhänglichkeit an irgendeine Kreatur gleichsam einzeln auf der ganzen Erde stehe, und außer Gott und ihr niemand wisse noch wolle, gerade wie sie war, ehe sie noch nicht war auf dieser Erde, alles und jedes Einzelne ohne Unterschied aus Gottes weiser und gütiger Hand getrost und ohne Anstand annehme, und in allem geduldig, ruhig und schweigend sich dem Herrn füge. Darum ist die Hauptsache, die dich einzig fördern wird zum Leben des Geistes, die Entledigung des Gemütes von sinnlichen Bildern, diese Armut des Geistes schafft dann den guten Willen, einigt deine Erkenntnis mit Gott und macht dich gleichförmig mit ihm; denn nun ist kein Mittelding ferner zwischen dir und Gott, ganz ist sie niedergerissen die Scheidewand, die äußere, wie die innere, denn freiwillig hast du die Armut erwählt, dadurch hast du verzichtet auf jeden äußeren und inneren Besitz, die Enthaltsamkeit und Keuschheit, die du dem Herrn gelobt hast, hat deinen Leib als Opfer ihm dargebracht, durch den Gehorsam hast du den Willen und selbst dein Leben verleugnet und hingegeben, und so ist denn nichts mehr übriggeblieben, was sich störend stellen könne zwischen dir und Gott; daß du dich Gott verlobt hast, beweist deinen Stand, den du gewählt hast, aber nicht das Kleid und die übrigen Äußerlichkeiten. Ob es dir nun wahrer Ernst mit dem allem ist, ob du Gott wahrhaft angehörst, oder das nur so heuchelst, da sehe du selbst nach und prüfe dich; fändest du das Letztere in dir, so erwäge, wie schrecklich du ausgeartet seist, wie schwer du dich versündigst gegen Gott deinen Herrn, und gegen alle seine Gerechtigkeit! Wäre es wirklich so, wäre dir das Geschaffene mehr als der Schöpfer, neigte dein Wille und Liebe mehr zum ersteren, als zu ihm, dann bist du ein Frevler gegen Gott, du hast den Schöpfer dem Geschöpf nachgesetzt.

9. Kapitel.

Gott unentwegt im Auge behalten, muß unsere erste und vorzüglichste Übung sein.

DA alles, was wir außer Gott sehen und wahrnehmen, nur Werke von ihm, dem Schöpfer sind, da ihre Möglichkeit und ihr Dasein einzig aus ihm ist, auch ihre Kräfte und ihr Bestehen nur beschränkt sind, er sie sämtlich aus Nichts hervorgebracht hat, und die Nichtigkeit ihr eigenes Eigentum ist, wohin sie zumal streben, und, damit ich das Ganze im kurzen fasse, sie samt und sonders ihr Dasein, ihre Erhaltung und Wirkung, und alles, was in ihnen sonst noch ist, einzig und allein von dem höchsten Werkmeister, von Gott erhalten haben, und sie aus und in sich, sich und selbst anderen nimmermehr genügen können, und im Vergleich mit Gott als Nichts gegen Etwas, als Endliches gegen das Unendliche erscheinen, so ist es denn wohl unsere höchste und erste Pflicht, auf ihn allein zu achten, in ihm, wegen ihm, für ihn allein zu leben, unser ganzes Dasein ihm allein zu widmen, ihm, dem Allmächtigen und Allerhöchsten, der durch seinen Willen und nach seiner Weisheit alles Geschaffene und alles möglich noch zu Schaffende in weit höherer Vollkommenheit hervorzubringen vermag. So kann denn unser Verstand und unser Herz nichts Heilbringenderes, nichts Vollkommeneres beschauen und denken, nichts Seligeres lieben, als ihn, unseren Gott, unseren höchsten Schöpfer und Vater, das einzig und allein wahre Gut, von dem, in dem, durch den alles ist, alles besteht, der der Unendliche und Allgenügende ist; dieses höchste Gut, das alle Vollkommenheit von Ewigkeit her in sich begreift, in welchem nichts ist, denn er selbst, der feste ewige Punkt alles Daseins, der Unveränderliche und doch der Ursprung alles Wandelbaren, der ewige Grund und das Leben alles, was da lebt und sein Dasein hat in der Zeit, denn er erfüllt alles, er lebt wesentlich in allem, der dir und mir und jedem Ding näher und gegenwärtiger ist, als wir uns, und alle Dinge sich selbst sind, der das Band und stete Leben aller Dinge ist. Doch solltest du etwa einer der Schwachen und Ungeübten sein, der sich zu dieser Höhe noch nicht unmittelbar erheben könnte, so wird doch wenigstens in deiner Schwäche dir das möglich und heilsam sein und dich zur Wahrheit führen, wenn du über das Geschaffene oder über die Schöpfung nachdenkst und betrachtest, daß du dich doch mindestens von diesen Dingen hinan erhebst zu dem Schöpfer selbst, dich freust des *Einen* Gottes, des Dreieinigen, der dir innewohnt, daß sich in dir entzünde die Flamme der göttlichen Liebe, des wahren inneren Lebens, der Gottes- und Nächstenliebe, die da den Mitbruder fördert und fördern will zum ewigen seligen Leben. Doch auch dessen sollst du gemahnt sein: Anders betrachtet der wahre Christ und echte Gläubige, und anders der Weltweise und der Heide. Der weise Heide betrachtet und übt seinen Verstand, um diesen zu schärfen und sich fortzubilden, er ist sich hiermit selbst sein Ziel, er will wissen, und sich, so viel möglich, befähigen; der echte Christ, der gottergebene Mensch hingegen tut desgleichen, er aber übt sich um Gotteswillen, er betrachtet, um Gott inniger lieben zu können, somit ist denn Gott einzig sein Ziel, nicht der Verstand und dessen Schärfung, nicht das Wissen ist der Zweck seines geistigen Mühens, sein Herz und des Herzens Neigung soll erregt und gefördert werden durch die Liebe. Die Gottesliebe ist des betrachtenden Christen erste und die Hauptabsicht, denn überzeugt ist er, daß es weit seliger sei, Jesus Christus, den Herrn im Geist, und durch die Gnade zu erkennen und zu besitzen, als ihn leiblich haben ohne die Gnade, oder ohne sie ihn erkennen nach seinem Wesen. Ferner, wenn die ganz entledigte Seele sich in sich selbst ganz einergeben hat, dann erweitert sich das innere Auge, es bildet sich in ihr eine geistige Stufenfolge, durch die sie sich hinan erhebt zur Schauung Gottes, aus diesem göttlichen Schauen entwickelt sich die Sehnsucht und das Verlangen nach den ewigen, himmlischen und göttlichen Gütern, die Erde und alles Irdische entsinken in ihr Nichts, sie stehen in weiter tiefer Entfernung von ihr. Wollen wir uns demnach Gott nahen auf dem Weg der Entfernung und Verleugnung des Vergänglichen, so müssen wir erstens alle leiblichen, sinnlichen und bildlichen Vorstellungen von und über ihn aus uns entfernen; zweitens auch selbst das, was der bloße Verstand von ihm erkennt; nichts darf übrigbleiben von ihm in uns, als: Er ist, und ist in allen Dingen; so (und das ist die Forderung des höchsten Lebens des

Geistes) werden wir mit Gott vereinigt. Das ist jenes Dunkel, jene heilige Finsternis, in der Gott wohnt, wie die Schrift sagt, in die Moses einging, die der Eingang ist zu jenem Licht, dem kein Sterblicher sich nahen kann. Aber auch hier muß die gehörige Ordnung eingehalten werden, denn nicht das Geistige wird, und kann auch nicht, das erste sein, das Seelische ist es, und muß es sein, das ist, der Mensch muß sich zuerst mühen, er muß handeln und wirken, dann erst wird ihm die Ruhe der Beschauung, er muß sich üben in den sittlichen, dann erst gelangt er zu den göttlichen und übernatürlichen Tugenden. Schließlich, o meine Seele, mahne ich dich: Entsage dem vielen, dem Mannigfaltigen, sprich: Warum nimmst du dich so vieler Dinge an? Reichen sie doch alle nicht hin zu deiner wahren und vollen Beruhigung! Merke auf das *Eine*, ergreife das *Eine*, dieses höchste Gut, den Inbegriff alles Guten, das allein nur dir genügen und dich beruhigen kann! Unglücklich der, der alles weiß, aber dieses nicht kennt, ebenso unglücklich der, der es kennt und hat, und es doch nicht erkennen will! wer alles kennt, wer selbst dieses *Eine* kennt, ist darum um nichts seliger, nur der ist es, den dieses *Eine* selbst beseligt. Darum bleibt es die heiligste Wahrheit, was der Herr bei Johannes sagt: „Das ist das ewige Leben, daß sie dich, daß du allein wahrer Gott bist, und den du gesandt hast, Jesus Christus, erkennen." Und ebenso das Wort des Propheten: „Ich will satt werden, wenn ich erwache nach deinem Bilde."

10. Kapitel.

Gib dich Gott ganz und freiwillig hin, das ist mehr als alle Andacht.

NACH den fühlbaren Tröstungen, die die Andacht gibt, nach den Tränen der süßen Liebe, die dir etwa im Gebet werden, strebe nicht so sehr; über alles muß dir gelten, den Willen, den Verstand, dein Gemüt Gott ganz hinzugeben und mit ihm vereinigt zu sein in deinem innersten Grund. Sei versichert, nichts gefällt Gott mehr, als ein reines von allen Bildern entledigtes Gemüt, ein an der ganzen Welt und an allem Geschaffenen arm gewordenes Herz; und so muß denn auch der sein, der der Welt entsagt hat, um Gott allein im Grund seines Herzens frei und ungestört anhängen, ihn allein meinen und sich ihm ganz hingeben zu können. So verleugne dich denn, damit du frei und ledig Christus deinem Herrn und Gott, dem armen, gehorsamen, keuschen, demütigen und leidenden Gottmenschen nachfolgen kannst, an dessen Leben und Sterben so viele, wie das Evangelium uns lehrt, sich gestoßen und geärgert haben; lebend in Christus, und gestorben der Welt, sei du jetzt schon, wie du denn doch einst sein wirst, wenn dein Geist sich getrennt hat vom Leib, da kümmert sich wohl der Geist nichts mehr, was mit dem toten Leib vorgenommen wird, ob er verbrannt, aufbehalten oder mißhandelt wird, das alles betrübt, beunruhigt ihn nicht, die gegenwärtige Ewigkeit ist der einzige Gedanke, das *Eine*, und wie es der Herr nennt im Evangelium, das eine Notwendige, sein Leben. Das tue du denn jetzt schon, jetzt schon lebe, als lebtest du nicht mehr im Leib, denke der Ewigkeit deiner Seele in Gott, richte all dein Denken hin auf das *Eine*, höre in deinem Inneren stets des Herrn Stimme: „Eines ist vonnöten!" Das wird dir Gnade bringen, große reiche Gnade, Armut des Geistes und Einfalt des Herzens; und wie nahe ist dir dieses *Eine*! Wahrlich, es ist dir näher, als du nur meinst, jage nur die Zerstreuungen, die Bilder, die Träumereien, das heillose Vielerlei hinaus aus deinem Herzen; sind die draußen, dann ist es da, dieses *Eine*, dann ist es innen, du wirst sein Dasein in dir sogleich empfinden, wirst innewerden und staunen, wie es nicht nur möglich, sondern wie es wirklich, und so leicht und selig ist, reinen Herzens Gott anhängen; fest und unüberwindlich wirst du stehen in diesem *Einen* gegen alles, was immer und wie immer es dir zukomme, oder begegnen möge, so fest und un- überwindlich, wie die heiligen Märtyrer, alle unsere heiligen Verfahren und alle auserwählte heilige Seelen, die die Welt besiegten, weil sie ihr wahres Heil suchten und der Ewigkeit in Gott gedachten; ihre Waffen waren der gute Wille und das stete Anhängen an Gott, eins mit Gott, verachteten sie die Welt und alles, was ihr zugehört, so entschlossen und kräftig, als lebten sie nicht mehr im irdischen Leib. An ihnen nimm du ein Beispiel, was da vermöge der gute Wille, stehend im Bund mit Gott, das feste unbewegliche Anhängen an Gott, dieses geistige Scheiden und Trennen der Seele vom Leib! In weiter Ferne erblickt die Seele ihren äußeren Menschen als einen, der ihr ganz fremd- geworden ist, sie kümmert es nun wenig, was diesem Fremdling widerfährt, geht er sie doch nichts an! Sie aber gehört Gott an, sie ist ein Geist mit ihm, weil sie ihm anhängt. So wage es denn nimmermehr vor Gott deinem Herrn in deinem Herzen etwas zu denken, wessen du dich schämen würdest und müßtest vor den Menschen, wolle nichts hören noch sehen, was der Ehrfurcht widersprechen könne vor dem gegenwärtigen, allerheiligsten Wesen, vielmehr sei all dein Denken und Wollen einzig auf den *Einen* Gott gerichtet, sehe und merke auf ihn, als sei durchaus nichts vorhanden, denn er allein; dann wirst du dich fest ihm anschließen, des allein Gegenwärtigen dich freuen, und so kosten den Vorgeschmack des künftigen Lebens.

11. Kapitel.

Wie man den Versuchungen und den lästernden Gedanken widerstehen, und diese Trübsale ertragen soll, und was hier der gute Wille wirke.

DAS sollst du wissen: Niemand naht sich Gott wahrhaft und von ganzem Herzen, ohne Prüfungen, Versuchungen und Leiden. Naht sich denn auch dir der Versucher und die Versuchung, fordern die dich zum Beifall auf, falle ihnen nicht bei, trage diese Qual in Geduld und Gleichmut, in Demut und Langmut. Steigert die Versuchung sich, artet sie sogar in die greulichste Gotteslästerung aus, dann ist das beste und sicherste Mittel gegen sie, verachten, ganz verachten diese nichtswür-

digen Gaukeleien, und wären sie auch die entsetzlichsten, gott-
losesten und schändlichsten Lästerungen, achte sie nicht, ver-
achte sie tief, werde nicht einmal ängstlich darüber und unruhig,
er wird fliehen der Versucher, sieht er seine Lügen und Teu-
feleien so verachtet von dir, denn ein hoffärtiger Geist ist er,
nimmermehr kann er sich so verachtet und verspottet sehen;
verachten also, sich gar nicht darüber kümmern, das ist das
Hauptmittel; oder fürchtest du wohl die Fliegen, die obgleich
gegen deinen Willen, um die Augen dir herumschwärmen? Und
du Knecht Jesu Christi, du wolltest dich in dieser Sache anders
benehmen, du wolltest deshalb fliehen von dem Angesicht des
Herrn, wolltest unruhig werden, klagen und murren über eine
solche nichtswürdige Fliege, über diesen augenblicklichen
Anfall, über den elenden Versuch, dich zu beunruhigen, dich
mutlos zu machen, den Eifer zu lähmen? Siehe doch, mit einer
Handbewegung vermagst du das alles in die Flucht zu jagen,
kennst du die Hand? Es ist der fromme, zu Gott gerichtete, in
ihn einergebene Wille! Dieser besitzt Gott, und Gottes Engel
sind deine Beschützer. Glaube gewiß, der gute Wille siegt über
alle Versuchung, er siegt so gewiß, als die Hand siegt über die
lästige Fliege am Haupt; Friede, heißt es ja in Gottes Wort,
Friede den Menschen, die eines guten Willens sind; auch ist
dieser fromme Wille das reichste köstlichste Opfer, das der
Mensch Gott darbringen kann, er ist ja die Quelle alles Guten in
der Seele, er ist die Mutter aller Tugenden, bildet sich dieser
fromme, Gott ergebene Sinn und Wille einmal im Herzen, dann
wird alles gewiß und untrüglich sich entwickeln, was da

erforderlich ist zum seligen Gott gefälligen Leben. Willst du ernstlich und wahrhaftig das Gute, aber deine Kraft reicht nicht, oder jetzt noch nicht hin, dann hast du es wirklich geleistet und getan, denn Gott hat das Fehlende ersetzt. So hat es der Ewige, der höchste Gesetzgeber unveränderlich bestimmt: Einzig der Wille kann etwas verdienen, die Seligkeit erwerben oder das Elend, den Lohn oder die Strafe; denn was ist die Liebe anderes, als ein ernstlicher, allseitiger Wille, Gott zu dienen, die süße Neigung, ihm zu gefallen, die innigste Sehnsucht, seiner zu genießen? – Schließlich ist, versucht werden, keine Sünde, die Versuchung ist nichts als ein Stoff und Mittel, die Tugend zu prüfen und sie zu läutern, durch sie soll der Mensch gefördert werden zum höheren Guten, darum ist das ganze Leben des Menschen eine Prüfung für ihn auf Erden.

12. Kapitel.

Von der Liebe Gottes und ihrer Kraft.

DIE Liebe vollbringt alles. Was wir bisher gesagt und als nötig zu unserem Heil angegeben haben, kann nicht besser, unmittelbarer und heilbringender von uns ausgeübt und erfüllt werden, als wenn wir lieben; die Liebe ersetzt alles, was unserer Heiligung noch abgeht, sie ist die Fülle alles Guten, sie ist das echte Verlangen nach dem Höchsten, sie ist es selbst, dieses Höchste. Sie allein bringt uns zu Gott, sie allein gestaltet uns um in Gott, durch sie hängen wir an Gott, sie vereinigt uns mit Gott, sie macht uns einen Geist mit Gott, sie macht uns selig mit ihm, hier in der Gnade, dort in der Herrlichkeit von ihm durch ihn; denn nie ruhen kann die Liebe außer allein in dem Geliebten, und das wird ihr nur dann, wenn sie den Geliebten ganz und vollkommen, und ohne Störung und Unterbrechung besitzt. Die Liebe nämlich ist der Weg Gottes zu den Menschen, und dieser wieder zu Gott, wo Liebe nicht ist, ist Gott nicht, er kann nicht da sein noch bleiben; haben wir demnach die Liebe, so haben wir auch Gott, denn Gott ist die Liebe. Durchdringend, fein und scharfblickend ist die Liebe, sie ruht nicht, bis sie eingedrungen ist in alle Kräfte, in das ganze Vermögen, in das Innerste, in die volle Gesamtheit des Geliebten, sie will ja eins werden mit ihm; und ist es, daß sie wirklich mit dem Geliebten eins geworden ist, sie und der Geliebte nur *Einer* sind, dann kann sie nimmermehr dulden ein Mittelding zwischen sich und dem Geliebten, gäbe es noch eines, ihre heftige Liebesneigung würde alles schleunigst beseitigen, sie würde nicht ruhen und rasten, bis sie das letzte besiegt hätte, und zu ihm gelange in ihn, in Gott; die Liebe nämlich fordert Vereinigung, sie gestaltet den Liebenden um in den Geliebten, und dieser wird hinwieder der Liebende, sie haben wechselseitig ihr Dasein vertauscht so innigst und selig, als möglich. Aufmerksam auf alles ist die Liebe, der Liebende und der Geliebte erkennen sich wechselseitig im innersten Herzensgrund, jeder geht gewissermaßen über in den anderen, er lebt in ihm und zwar in seinem Innersten; habe nur einen

Willen, nur eine Freude, nur ein Verlangen, ein und dasselbe Wollen und Nichtwollen, eine und dieselbe Freude und Trauer, als einer und derselbe. Denn die Liebe, die da stark ist wie der Tod, entnimmt den Liebenden sich selbst und versetzt ihn in den Geliebten, und macht ihn innigst ihm anhängen; und mehr lebt die Seele da, wo sie liebt, als wo sie lebt, denn in dem Geliebten lebt der Liebende nach seiner höheren Natur, nämlich nach Vernunft und Willen, wo er aber lebt nach außen, ist er nur nach seiner äußeren Gestalt da, so aber sind auch die Tiere da. Nun ist aber nichts da, was uns so kräftig und innigst von diesen äußerlichen Gegenständen der Sinnlichkeit ab-, und uns hinein-bringen kann in unser Inneres, und von da zu Jesus Christus, als eben die Liebe Christi, das Verlangen nach seiner Holdseligkeit, nach der Gegenwart und dem seligen Besitz und Genuß Christi nach seiner Gottheit. – So ist denn also einzig die Macht der Liebe, die unsere Seele hinaufhebt in die Himmelshöhe, und nur sie, die Liebe und das liebende Verlangen ist die Führerin und zugleich der Weg zur höchsten Seligkeit; ja sie ist das Leben der Seele, ihr hochzeitliches Kleid, sie ist ihre Vollendung, sie ist die Summe des ganzen Gesetzes und der Propheten, wie der Herr selbst gesagt hat, und wie Paulus ihm nachspricht: „Die Liebe ist die Erfüllung des Gesetzes", oder „die Liebe ist die Hauptsumme des Gebotes."

13. Kapitel.

Wie wir uns in uns einergeben und beten sollen.

DA wir zu allem Guten aus uns selbst ganz untüchtig sind, und Gott dem Herrn, von dem allein alles Gute kommt, nichts des Unsrigen geben können, was nicht schon vorerst sein war, so bleibt uns wahrlich nichts übrig, als eines, worin aber wieder der Herr unser Lehrer und Vorbild ist, das sein heiliger Mund uns selbst gelehrt, und wozu er uns durch sein eigenes Beispiel aufgefordert hat, nämlich: das Gebet; wir können und sollen in jedem Ereignis unsere Zuflucht nehmen zum Gebet, als Sünder, Elende, Arme, Notdürftige, Kranke und Verlassene, als Untertanen und Knechte unseres Gottes, als Kinder unsers Vaters, überzeugt, und tieffühlend unsere Armseligkeit und Verlassenheit sollen wir uns hinwerfen vor ihm in tiefster Demut, in Furcht und Liebe, im innigsten Schamgefühl über unser Elend und Gebrechen zu ihm flehen in herzlicher Sehnsucht und Inbrunst, unter Seufzen und Weinen, in Einfalt und Offenheit, mit unbegrenztem Vertrauen ihm unseren Jammer, unser von allen Seiten gefährdetes Leben klagen und vortragen, ihm aber auch alles ohne Ausnahme ungescheut und ohne Rückhalt, und getreulich anheimstellen, alles, so wie uns selbst, ihm als Opfer darbringen, und nichts, durchaus nichts uns vorbehalten, da nichts unser, sondern alles sein ist. Sind wir so gesinnt in Wahrheit, dann wird wahr werden an uns, was ein frommer und gottseliger Vater[2] von diesem Gebet sagt: Wir werden eins mit Gott, Gott der Herr wird in uns alles in allem sein, indem seine vollkommene Liebe, mit der er uns geliebt hat, nun in uns selbst übergegangen ist, die dann so kräftig und wirkend in uns wird, daß all unser Verlangen, all unser Streben, all unser Fleiß, jeder Gedanke in uns, alles, was wir sehen, reden, hoffen und wünschen, Gott ist, ja jene Einheit, in der der Vater mit dem Sohn und der Sohn mit dem Vater ist, wird nun ausgegossen in unser Herz und Gemüt, und jene wahre und unzertrennliche Liebe, mit welcher Gott uns liebt, bindet nun auch unser Herz unzertrennlich und ewig an ihn, und zwar so fest und innigst, daß, was wir hoffen, was wir erkennen, was wir reden und bitten, Gott ist. – Dahin strebe also du, der du dich dem Leben des Geistes geweiht hast, das sei dein Ziel und Ende, daß du in diesem zerbrechlichen Leib schon das Vorbild tragen magst der künftigen Seligkeit, empfangen magst das Unterpfand der seligen Zukunft, kosten magst hier schon den Vorgeschmack jenes dereinstigen, verherrlichten Daseins. Das also, ich wiederhole es, ist das Ziel und Ende aller Vollkommenheit: So lange und unausgesetzt das Herz von allem Sinnlichen zu reinigen und frei zu machen, und selbes dem Geist täglich immer näher und näher zu bringen, bis der ganze Wandel, unser Wille und jeder Wunsch unseres Herzens ein fortwährendes, einziges Gebet wird. Hat nun dein Herz das Irdische abgestoßen, ist es rein von solcher Befleckung, kann es leicht und ungetrübt aufblicken zu Gott, auf den du einzig und immer sehen sollst, ist

---

[2] Der Abt Isaak.

dir auch die kleinste Trennung von ihm, diesem höchsten Gut, so unerträglich und bitter, als der augenblickliche Tod oder das schädliche Verderben, ist es ruhig geworden und still da drinnen, ist jedes Band des Fleisches abgeschnitten, hängst du dem höchsten Gut mit dem festesten Willen an, dann wirst du tun und tun können, was der Apostel saget: „Betet ohne Unterlaß", und: „Hebt an allen Orten heilige Hände auf, ohne Zorn und Zweifel." Diese Reinheit des Herzens, des sich seiner selbst ganz entwordenen Herzens, dem das Irdische ganz entsunken und das nun eigentlicher Geist, Engelgeist geworden ist, diesem Herzen wird jeder Gedanke, jede Tat, jede Verrichtung zum reinsten, lautersten Gebet; und setzt du das fort ohne Unterbrechung, wie du es Eingangs von mir vernommen hast, dann wird dir, wenn du einkehrst in dich und dich sammelst, das Schauen und Genießen so leicht und geläufig sein, wie dein natürliches Leben.

14. Kapitel.

In allen Ereignissen über dich frage und höre das Zeugnis des Gewissens.

NICHT wenig behilflich wird dir zur Vollkommenheit des Geistes, zur Reinheit und zum Frieden des Herzens in Gott die tägliche Rücksprache mit deinem Gewissen sein. Jede Rede über dich, jede Meinung, jedes Urteil, jede Behandlung deiner bringe zur Prüfung in dein Inneres, in stiller Sammlung des Geistes, ausschließend alles andere stelle dich, prüfend, vor dich selbst. Die erste Entdeckung, die du hier machen wirst, wird die Überzeugung sein: Nicht dir nicht förderlich, sondern sehr schädlich ist es dir, wenn die Leute dich loben und ehren von außen, in dir hingegen spricht die Wahrheit laut: Du seist dessen nicht nur nicht wert, sondern seist vielmehr tadelnswert und ein Sünder. So wie es nun uns gar nichts nützt, wenn uns die Leute von außen loben, das Gewissen aber innen uns anklagt, so schadet es uns im entgegengesetzten Fall ebensowenig, wenn wir von außen verachtet, geschmäht und verfolgt werden, innen aber es anders lautet, und das Gewissen uns frei und ledig spricht, da wollen und dürfen wir ja überall dies äußere Widrige in Geduld, Ruhe und Schweigen uns Glück wünschen in dem Herrn, denn nimmermehr kann ein Leiden uns schaden, dem keine Schuld von unserer Seite zu Grunde liegt, bleibt ja doch nimmer das Böse ungestraft, so wenig als das Gute unbelohnt. Begehren wir ja doch nicht, wie die Heuchler, nach Menschenlohn und Menschenlob, sehen wir ja doch einzig auf Gott unseren Herrn, und verlangen selbst von ihm nicht jetzt schon, sondern künftig, nicht einen vergänglichen und zeitlichen, sondern dereinst seinen göttlichen Lohn, der ewig währt. So ist es demnach immer das Beste und Rechte, bei jedem Ereignis, bei jedem Leiden über uns einkehren in unser Inneres, dort rufen und anrufen Jesus Christus unseren Herrn, unseren Helfer und Beistand in allen Prüfungen und Anfällen, ihm demütig bekennen unsere Sünden und Fehler, ihn loben und preisen als unseren Gott, als unseren Vater, der uns züchtigt, aber auch tröstet, auch alles und jedes an uns oder an anderen, Lieb oder Leid mit Gleichmut annehmen und empfangen gerne und ohne Furcht aus der Hand seiner untrüglichen Weisheit, seiner heiligen Vorsehung und weisen Anordnung. Benehmen wir uns so, dann verzeiht er uns die Sünde, tilgt die Bitterkeit unseres Herzens, tröstet und erfreut es, erfüllt es mit seiner Gnade, ist barmherzig gegen uns, kräftigt den Bund der Freundschaft mit uns, gibt überfließende Tröstung, so schließt sich denn unsere Seele fest an ihn, er vereinigt sich mit uns, und wir mit ihm. Fern sei von uns, daß wir die Pharisäer und Gleißner nachahmen, die da besser scheinen wollen und höher und werter geachtet werden von den Menschen, als sie sind innen, denen ewig ihr Gewissen widerspricht; es ist wohl die höchste Stufe des Unsinnes, Lob und Ehre suchen und fordern für sich von anderen, und doch inwendig stinken von Sünden und böser Luft; und gewiß, wer Menschenruhm nachjagt, der verliert nicht nur das wenige Gute, das er noch hat, sondern auch alle Gnaden des Herrn, und rennt so in seine eigene Schande. So sei denn weise, und vergesse nie deine Armut, deine Sünden, deine Unwürdigkeit, lerne dich kennen, und demütige dich, und sollten sie dich als den Schlimmsten, Unwertesten, Geringsten, ja, als einen Auswurf verschreien, nimm es hin, weißt du ja doch, wie schwer die Sünde dich drückte und wie tief du im Elend steckst; stelle dich immer tief unter andere, sehe dich an und lasse dich ansehen als eine Schlacke unter dem Gold, als ein Unkraut unter dem Weizen, als Stoppeln unter den Körnern, als Wolf unter den Schafen, ja, als den Satan unter den Kindern Gottes; fliehe die Ehre, meide den

Vorrang, fliehe aus ganzem Herzen dieses ansteckende Gift, die giftige Krankheit der Ehr- und Ruhmsucht, das stolze Hervordrängen, die ekelhafte Prahlerei; lasse nicht wahrwerden an dir das Wort des Propheten: „Der Gottlose rühmt sich seines Mutwillens", und erzittere vor dem anderen Wort: „Deine Tröster verführen dich und zerstören den Weg, den du gehen sollst", und der Herr selbst sagt: „Wehe euch, wenn euch jedermann wohlredet."

15. Kapitel.

Wie du die Selbstverachtung erlernen kannst.

JE mehr du deine Geringfügigkeit erkennst, um so klarer und deutlicher wird dir die Majestät Gottes, und je geringer du dir wirst um Gottes, der Wahrheit und Gerechtigkeit willen, um so angenehmer und edler bist du in den Augen Gottes; so lernen wir denn und streben allen Fleißes danach, uns selbst zu verachten als Unwerte jeder Wohltat des Herrn, uns zu mißfallen, Gott aber wohlzugefallen und von anderen als die Letzten angesehen zu sein, nicht unruhig zu werden und empfindlich, wenn Leiden uns treffen und Trübsale, und die Menschen uns schmähen und verunglimpfen, uns nicht entrüsten über ihre Anfälle auf uns, sie nicht fürchten, auch nicht mit einem Gedanken darüber unruhig werden, vielmehr ruhigen Sinnes überzeugt sein, das sei alles, als verdientes, das Rechte für uns. Denn ist es uns ernst, unsere Sünden zu büßen und zu beweinen vor Gott, dann werden wir doch wohl nicht Ehre suchen und Liebe von den Menschen, dann werden wir uns nicht weigern, wenn sie uns hassen, auf uns herumtreten und uns verachten unser Leben lang, sonst wäre es ja nicht wahr, ja, es wäre nicht möglich, Gott unserem Herrn allein mit reinem Herzen und demütigem Geist anzuhängen. Um aber Gott unseren Herrn allein lieben, uns herzlich verachten, und wünschen zu können, eben auch von anderen verachtet zu werden, dazu gehört nicht äußerliches Mühen, nicht Stärke des Leibes, aber äußere und innere Einsamkeit, Drang des Herzens, Ruhe des Gemütes ist nötig; Herz und Gemüt nämlich muß sich anstrengen, sich erheben und aufreißen, und so auch leiblich sich abreißen von dem Niederen und Gemeinen, und sich aufschwingen nach dem Himmlischen und Göttlichen; dieser Aufschwung des Geistes bringt uns in Gott, was uns gerade da vorzüglich gelingen wird, wenn es uns voller Ernst ist, ohne Verurteilung, ohne Verachtung des Nächsten, uns als Kehricht, als die Schande der Menschen zu betrachten, und von anderen als solche betrachtet zu werden, wenn es uns lieber ist, verabscheut zu werden als Scheusale, als im Überfluß aller Lüste schwelgen und geehrt werden und hochgepriesen von den Menschen, wenn wir keinen anderen Trost in diesem sterblichen Leben wollen, als unsere Missetaten, Sünden und Schulden ohne Unterlaß zu beweinen und zu beklagen, und immer geringer und verächtlicher zu werden vor den Augen anderer, und unwürdig vor unseren eigenen Augen, und bei all diesem keine andere Absicht uns leitet, als allein Gott zu gefallen, ihn allein zu lieben, ihm allein anzuhängen, und nichts auf uns einen Eindruck machen zu lassen, als allein die Liebe zu Jesus Christus unserem Herrn. Er allein sei der Gegenstand unserer Neigung, er des Herzens einzige süße Sorge, um alles andere aber unbekümmert und sorglos sein, ist er ja der Herr, dessen Hand, Befehl und Vorsehung alles, was da kommt und geht, ordnet, richtet und leitet! Deine Pflicht und Sorge ist es nun nur: Aus ganzem Herzen deine Sünden beweinen, aber wahrlich, nun nicht mehr der Lust zu leben; weinst du aber, nicht, ach, so beweine eben diese Gefühllosigkeit, weinst du aber, und kennst wohl die Ursache deiner Tränen, so klage um so heftiger, denn du hast der gerechten Schmerzen Quelle dir selbst gegraben durch deine vielfachen Sünden und zahllosen Vergehungen. Sorgt wohl der zum Tode Verurteilte, ob der Scharfrichter wohl oder übel bestellt sei? Und du, der du dich zur Buße, zur Beweinung deiner Sünden verurteilt hast, du wolltest, oder könntest auch nur noch Rücksicht nehmen auf Freude und Lust, auf Ehre oder Unehre, auf Lob oder Tadel? Weißt du doch: Andere Wohnungen haben die Bürger, als freie, andere die Verbrecher, zur Strafe bestimmt, so wird es denn wohl auch recht und billig sein, daß die, so da weinen müssen über ihre Sünden, und unter der strafenden Hand des Herrn stehen, eine ganz andere Stelle einnehmen müssen, als die Schuldlosen? Wäre das nicht, dann wäre kein Unterschied zwischen Schuldigen und Unschuldigen, es wäre keine gerechte Vergeltung, obgleich von der einen Seite frech und groß genug wäre die Schuld der Missetat und besser käme der Ungerechte, als der

Unschuldige davon. So muß denn allem entsagt, alles beiseite gesetzt, alles abgetan und vermieden werden, damit der Grund der Buße fest und haltbar gelegt werde. Liebst du demnach Jesus Christus wahrhaftig, trägst du ihn in deinem Herzen, fließen dir ernstliche Tränen der Reue und der Liebe um seinetwillen, reuen dich innigst deine Sünden, ist dir es ernst, dereinst in den Himmel zu kommen, glaubst du wahrhaftig, und denkst des künftigen Gerichtes, der Entscheidung auf die ganze Ewigkeit, der unausweichlichen ewigen Strafen der Sünde, gedenkst des Schreckens deines dereinstigen Austrittes aus diesem Leben? Sprich, wie solltest du dich noch abgeben können, wie dich einlassen in andere Dinge: Sehnst du dich wirklich nach Gott, möchtest du sie dir eigen machen jene selige Gleichgültigkeit gegen alles Äußere, wohlan, so trauere über den Tag, wo dir kein Leid geschieht, wo du nicht gelästert und verachtet wirst, wahrlich, an solchem Tag hast du vieles verloren; Gleichgültigkeit, sage ich, oder wenn du willst, Freiheit nenne ich sie, denn sie ist frei von Sünde und Leidenschaft, sie ist die Reinheit des Herzens, sie ist die Zierde der Tugenden; darum zähle dich unter die Toten jetzt schon, einst gehörst du ohnehin unter sie. Schließlich, nimm als letzte Regel aller deiner Gedanken, Worte und Werke, ob sie nämlich nach Gott und seinem Wohlgefallen sind, das hin: Machen dich deine Gedanken, Worte und Werke immer demütiger, führen sie dich immer näher ein in dein Herz und bringen dich immer näher deinem Gott, bestärken sie dich im Guten, dann sei getrost; findest du aber das Gegenteil in dir, dann fürchte allerdings, daß sie weder nach Gottes Willen geschehen, noch ihm wohlgefällig, noch dir heilbringend und ersprießlich sind.

16. Kapitel.

Von der Vorsehung Gottes und unserer Hoffnung.

DAMIT wir aber nach dem bisher Gesagten ohne Hindernis, ledig und frei, ungetrübt und ruhig uns mit Gott dem Herrn vereinigen, zu ihm uns erschwingen, ihm unverrückt anhängen und uns im Leben und Tod, in Lieb und Leid ihm völlig und durchaus hingeben und überlassen können, ist es nötig, alles und jedes ohne Auswahl und Unterschied seiner untrüglichen Vorsehung ganz anheimzustellen; ist er ja doch der Herr über alles, er allein, von dem alles Vermögen und Wirken kommt, der alles geschaffen, gestaltet und geordnet hat nach Zahl, Schwere und Maß. So wie jedes Kunstwerk ein natürliches Werk voraussetzt, nämlich den Künstler, so werden wir denn doch auch in allen Werken der Natur die Wirkung des Schöpfers, Gottes nämlich des Erschaffers, Erhalters, Lenkers und Versorgers voraussetzen, und dem Ganzen zugrunde legen müssen, den, der allein unendlich mächtig, weise und gütig ist, der die wesentliche Barmherzigkeit, Gerechtigkeit, Wahrheit und Liebe ist, ihn, den Ewigen und Unermeßlichen. Kein geschaffenes Ding vermag demnach aus eigener Kraft weder zu bestehen, noch zu Wirken, sein Dasein, wie sein Wirken, kommt und besteht aus und in Gott, er ist der Anfang von allem, er ist der Grund von allem, er wirkt in allem, er ordnet und lenkt alles, das Ganze, wie jedes Einzelne, das Große, wie das Kleine, das Erste, wie das Letzte; so entgeht demnach seiner Vorsehung weder das eine, noch das andere, sei es in der bloßen Natur, oder im Willen des Menschen gelegen, habe es der sogenannte Zufall herbeigeführt, oder sei es mit unserem oder anderer Vorbedacht geschehen, jeder Gedanke der Menschen steht unter der Auf- und Vorsicht unseres Gottes. So wollen wir denn den Rat des Apostels Petrus befolgen, und „alle unsere Sorge werfen auf ihn, denn er sorgt für uns"; und das Wort des Propheten: „Wirf dein Anliegen auf den Herrn, er wird dich versorgen", und „merkt auf, ihr Menschenkinder, wer ist jemals verlassen, der in der Furcht Gottes geblieben ist?" und das Wort des Herrn selbst: „Seid nicht ängstlich, und sprecht: Was werden wir essen?" – so können wir denn alles, auch das Größte von Gott erwarten, und gewiß wird er es uns geben, er hat es deutlich gesagt in seinem Wort: „Alle Orte, darauf eure Fußsohle tritt, sollen euer sein", das ist, so viel ihr nur begehren könnet, so viel soll euch werden, so weit euer Vertrauen reicht, so weit soll euer Besitz reichen; deshalb sagt Bernhardus: Gott, der Urheber aller Dinge ist so gütig und huldvoll, daß wir, welche Gnade immer wir im wahren Vertrauen von ihm erbitten, solche ohne allen Zweifel erhalten; so steht es auch bei Markus: „Alles, was ihr erbittet in eurem Gebet, glaubt nur, daß ihr empfangen werdet, so wird es euch werden"; daraus erhellt nun, daß, je fester diese Zuversicht auf Gott, je ernstlicher das Losreißen von uns, und je mit mehrerer

Demut und Ehrfurcht unser Aufschwung zu Gott ist, um so gewisser, schneller und reichlicher wir erhalten werden, was wir erbitten und hoffen. Will die Menge und Größe deiner Sünden das Vertrauen auf Gott in dir nicht aufkommen lassen, dann stärke und ermutige dich mit dem Gedanken: Bei Gott sind alle Dinge möglich! Was er will, daß muß geschehen, was er nicht will, kann und wird nimmermehr geschehen, und, Gott ist es ebenso leicht, unzählbare und ungeheure Sünden zu verzeihen und zu tilgen, als eine einzige; nur der Sünder kann aus eigenem Vermögen so wie aus vielen, so auch nicht aus einer einzigen Sünde sich erheben und sich freimachen, denn er kann ja aus eigener Macht nicht einmal das Gute tun, ja nicht einmal es denken, es gebe denn solches ihm Gott. Doch leichtfertig sollst du diese Wahrheit nicht mißdeuten, denn es ist in Hinsicht des Ganzen allerdings ein großer Unterschied, und dieser mit weit größerer Gefahr für dich verbunden, wenn viele Sünden dich drücken, oder nur eine, denn nichts Böses soll ungestraft bleiben, und jede schwere Sünde zieht ewige Strafe nach sich, das fordert die Gerechtigkeit Gottes, weil jede Sünde gegen Gott ist, den wir tief anbeten und hochheilig verehren müssen. Übrigens seien wir getrost und glauben das selige Wort des Apostels Paulus: „Der Herr kennt die Seinen!" und der Seinen kann auch nicht einer zugrunde gehen, stürme auf ihn, was da wolle, Irrtümer, Ärgernisse, Trennungen, Verfolgungen, Zwiespalt, Ketzereien, Kreuz und Leiden, Versuchungen in jeder Gestalt und Weise; die Zahl seiner Auserwählten und ihr Wert ist von ihm von Ewigkeit her bestimmt, und diese Zahl wird ihm nichts mindern, denn seinen Auserwählten müssen und werden alle Dinge, gute und böse, Eigenes und Fremdes, Glück und Unglück zum Besten gereichen, ja, vielleicht haben Leiden und Widerwärtigkeiten zur größeren Verherrlichung, zur reineren Läuterung seiner auserwählten Freunde gerade das meiste beigetragen. Darum wollen wir denn alles und jedes in voller Zuversicht und mit Freude der göttlichen Vorsehung anheimgeben, schicke der Herr, was er wolle, und wie er wolle, das alles ist gut und wohlgetan, es würde nicht so kommen, hätte er es nicht so gewollt, gerade so und nicht anders, und nicht mehreres kann kommen, als er will und zuläßt, weiß er ja, will er ja, und kann er ja alles zu unserem Besten wenden und ordnen, so wie eben auch das Gute sein Werk ist, wodurch seine Allmacht, Weisheit und Güte sich offenbart, so wie sich geoffenbart hat durch unseren Heiland und Erlöser Jesus Christus Gottes Barmherzigkeit, seine Gerechtigkeit, die Macht seiner Gnade, das Verderben der menschlichen Natur, die Schönheit der Tugend im Vergleich des Lasters, die Ehre der Guten und die Bosheit der Sünder, die Belohnung und die Strafe, in dem bekehrten Sünder die Kraft der Reue, des aufrichtigen Bekenntnisses und der Buße. Dem frechen Sünder aber gereicht, so lange er der bleibt, selbst das Beste zum Bösen, nicht Gottes Langmut, seine Güte und Liebe gegen ihn nützen ihm, vielmehr kommt er dadurch in noch größere Gefahr und stürzt sich ins größte Unheil, ihm entwendet sich schließlich Gottes Gnade, er verliert die Seligkeit, er fällt in Schuld und Strafe, und leider gemeinhin in die ewige Strafe, vor der uns gnädig bewahren wolle Jesus Christus.

Inhalt.

Zu dieser Ausgabe.

Der Text dieses Buches folgt der Ausgabe: *Des ehrwürdigen Albert des Großen goldenes Büchlein: wie man Gott anhangen soll.* Übers. v. Nikolaus Casseder, Köln 1851.

Der Text selbst wurde in die traditionelle deutsche Rechtschreibung (1901-1996) übertragen, und zum besseren Verständnis des heutigen Lesers behutsam sprachlich bearbeitet.